Para: ....

....

De: ....

....

Editora: Flavia Lago
Assistente editorial: Natália Chagas Máximo
Tradução: Angela Tijiwa
Direção de arte: Paula Fernández
Projeto gráfico: María Natalia Martinez
Diagramação: Pamella Destefi

www.vreditoras.com.br

Rua Capital Federal, 263 – Bairro Sumaré
CEP 01259-010 – São Paulo – SP
Tel./Fax: (55 11) 4612-2866
editoras@vreditoras.com.br

ISBN 978-85-7683-435-9

Impresso na China • Printed in China

Dados Internacionais de Catalogação na Publicação (CIP)
(Câmara Brasileira do Livro, SP, Brasil)

Rubert, Cynthia
Mãe, razões do meu amor / Cynthia Rubert; [tradução Angela Tijiwa]. – São Paulo: Vergara & Riba Editoras, 2013.

Título original: Por qué te quiero, Mamá.
ISBN 978-85-7683-435-9

1. Mães – Citações, máximas etc. I. Título.

12-13304 CDD-808.882

Índices para catálogo sistemático:
1. Mães: Citações: Coletâneas: Literatura 808.882
2. Mães: Máximas: Coletâneas: Literatura 808.882

Mãe, razões do meu amor

Cynthia Rubert

V&R Editoras

Embora o destino a tenha levado bem antes que eu pudesse devolver um pouco de tudo o que você me deu, essas palavras representam uma pequena homenagem à sua memória.
Obrigada, mãe, por ter se dedicado com imenso amor à vida, exemplo de perseverança e integridade. Obrigada, mãe, por ter iluminado meus dias com a luz translúcida de seus olhos e a doçura de seu sorriso inesquecível.

C. R.

A palavra *mãe* significa muita coisa:
amiga, cúmplice, companheira de brincadeiras,
professora paciente e dedicada, cozinheira criativa,
malabarista do tempo e das possibilidades,
a voz doce das histórias contadas à noite,
estilista para todas as ocasiões, a mais sábia
das médicas do corpo e da alma, a mais implacável
advogada, o carinho sempre oportuno e aconchegante,
a super-heroína dos primeiros anos da infância
(e dos seguintes, também), um anjo da guarda.
Mãe significa todas as mulheres em uma única mulher.
Significa amor incondicional.

Por você ser tudo isso, além de outros motivos
que ficarão registrados nessas páginas para
sempre junto com minha gratidão, meu respeito
e minha admiração, eu te amo tanto.
Quer saber por quê?

Mãe, eu te amo porque...

- Desde o início de sua gravidez, muito antes de nossos olhos se reconhecerem, você fez de mim seu mundo, sua nova razão de ser e me transformou na protagonista de sua vida.

- Você acompanhou meus primeiros passos, me assegurando de que suas mãos estariam ali para me amparar quando eu ameaçava cair.

- Decorou todas as festinhas de meus aniversários com bexigas e enfeites coloridos. Cada detalhe foi pensado por você, com carinho, paciência e dedicação.

Mãe, eu te amo porque...

- Com a velocidade de uma maratonista você conseguia percorrer a distância entre o seu trabalho e a minha escola, cada vez que eu me sentia mal e lhe chamava aos prantos. Durante meus primeiros anos, sua presença sempre foi o remédio mais eficaz. E ainda hoje seus abraços continuam sendo a melhor cura para os problemas cotidianos.

- Soube conter a bronca e sorrir ternamente quando viu meus desenhos em cada uma das paredes do meu quarto recém-pintado.

te amo

Mãe,
eu te amo porque...

Guarda com carinho as lembranças que considera um tesouro: meu primeiro dente, a batinha que usei quando cheguei em casa pela primeira vez, os sapatinhos com os quais aprendi a andar, os rabiscos que lhe dei de presente nos primeiros anos de minha vida, a lembrança inesquecível de quando, pela primeira vez, você me ouviu chamá-la de: *mamãe!*

Não houve um só momento em que você não esteve comigo, me apoiando e incentivando a ter coragem para fazer algo que eu acreditava impossível.

Mãe,
eu te amo porque…

- Apesar da saudade que senti quando você não pôde estar ao meu lado, você me ensinou a ser livre, a bater as asas e empreender meu próprio voo. Me ensinou também que, caso um dia eu quisesse voltar, seu ninho sempre estaria disponível para me abrigar.

- Sei que embora os anos e a vida passem, ainda que eu cresça, amadureça e forme minha própria família, perante os seus olhos eu sempre serei seu "bebê".

Mãe,
eu te amo porque...

Seu exemplo me mostrou o valor do trabalho e das vitórias conquistadas através do esforço, a perseverança necessária para transpor os obstáculos, a importância da amizade e o significado da palavra *amor*.

Sei o quanto se sacrificou, em silêncio, quando inocentemente eu pedia ao Papai Noel que trouxesse brinquedos. Hoje percebo o esforço que fez para garantir que eu ganhasse o que desejava, mesmo que isso significasse abdicar dos seus desejos pessoais.

Mãe, eu te amo porque...

- Você é uma mãe determinada, uma mulher ativa, capaz de se dedicar incansavelmente ao trabalho sem esquecer de detalhes carinhosos, como lembrar de fazer o meu doce favorito ou, ainda, telefonar apenas para ouvir minha voz...

- Lembro perfeitamente do aroma dos bolos que você fazia à tarde para me receber quando eu voltava da escola. O doce perfume de sua cozinha será sempre uma das minhas melhores recordações.

- Mesmo um pouco contrariada, deixou que eu faltasse à escola, quando me esqueci de fazer o dever de casa, e você fingiu acreditar que eu estava com uma dor de estômago que de fato nunca existiu.

Mãe,
eu te amo
porque...

- Tinha toda a paciência do mundo comigo quando, a cada manhã de inverno, eu relutava em usar luvas e cachecol. Graças a esse cuidado, me livrei de vários resfriados.

- Você fez de cada passeio uma aventura diferente e inesquecível. Desde as idas ao zoológico até as brincadeiras no quintal da casa da vovó.

- Porque você deixou de descansar várias noites para ficar ao meu lado por causa de uma febre ou uma desilusão amorosa, mesmo que no dia seguinte você precisasse cumprir horários e obrigações.

Mãe,
eu te amo porque...

- Suas carícias embaladas por suas palavras foram o melhor alimento para eu poder enfrentar com coragem os percalços naturais da vida. Graças a sua presença, a dor sempre se dissolve, a nostalgia desaparece e um arco-íris de esperanças surge no horizonte mais cinzento.

- Seu olhar emocionado sempre me fez acreditar que eu poderia vencer, por mais difícil que fosse cada obstáculo, desde meus tempos de escola até hoje, em minha vida adulta. Você sempre compreendeu minhas ausências pois sempre foi a primeira a acreditar nas minhas conquistas.

Mãe, eu te amo porque...

- Embora nunca tenha sido atleta, você se apaixonava por cada um dos novos esportes que eu ia descobrindo. Alegremente soube ser a goleira do meu time de futebol, a adversária no karatê e minha dupla de tênis... Peço desculpas, mamãe, por tantas boladas que levou!

- Seu amor é tão nobre que pôde suportar, não sem dor, as críticas mais cruéis, o desdém, o mau humor, a teimosia e até a ingratidão que dispensei nos meus tempos de rebeldia sem guardar ressentimentos.

nunca tenha sido atleta, você se
por cada um dos novos esportes
que ia descobrindo.

- Com voz terna e doce me disse, mais de uma vez, para me agasalhar quando a temperatura caía um pouco, para não me esquecer de estudar as lições, para escovar os dentes antes de deitar, para não deixar de comer mesmo se estivesse com o dia cheio ou deixar de sorrir se tivesse um compromisso.

- Você é quem mais confia em mim, em meus projetos, em minhas ideias. Sempre tem sido a grande patrocinadora de meus sonhos.

Mãe, eu te amo porque...

- Seus braços sempre estiveram prontos para me apoiar quando precisei de consolo. Seu olhar terno teve de endurecer quando precisou me pedir alguma reflexão. Seu coração foi capaz de me compreender quando precisei de uma amiga. Pude sentir sua força quando me senti fraquejar.

- Você é a única pessoa que sabe exatamente o que sinto, sem precisar me perguntar. Nunca consegui enganá-la. Basta apenas um olhar para você compreender o que realmente se passa.

Mãe,
eu te amo porque...

* Você me abriu mil e uma portas para tornar minha vida mais fácil. Você me perdoou quando não prestei atenção em você. Foi meu refúgio quando errei. Chorou minhas lágrimas e fez com que a minha felicidade fosse o seu maior desejo.

* A imensidão de seu amor foi capaz de esperar com paciência, durante dias ou às vezes semanas, que o muro erguido entre nós, por raiva ou egoísmo de minha parte, cedesse diante da ponte que você sempre estendia para mim.

Mãe,
eu te amo
porque...

- Mesmo com dificuldade, você dominava seus medos de mãe para que eu pudesse sair com segurança para o mundo. Assim, você me incentivou a me arriscar e a participar de atividades na escola, a viver o primeiro amor, a enfrentar os desafios, a me lançar na aventura do descobrimento de novas paisagens, a não deixar que as opiniões dos outros me condicionassem, a buscar respostas dentro de mim e a escutar minha própria voz.

- Você fez de nossa casa um verdadeiro lar, o lugar onde sempre quero voltar.

- Quando restava apenas um pedaço do meu bolo preferido, você logo ia dizendo que eu podia comer, pois preferia comer algo diferente. E ainda hoje você faz isso!

Mãe, eu te amo porque...

Você me deu todas as ferramentas que tinha ao seu alcance para eu escrever minha própria história e comemora cada capítulo da minha vida com orgulho, mesmo que meus sonhos não coincidam com aquilo que planejou para mim. Sei que minha felicidade é a única coisa que importa a você e sempre é a primeira a festejar cada um dos meus atos.

Você nunca esteve suficientemente cansada para mim. Tinha energia para brincar comigo ou para me ajudar a resolver o dever de casa, ainda que chegasse após uma jornada longa de trabalho. Admiro sua disposição, mãe!

Muitas vezes, em vez de se manter em forma ou vencer na carreira profissional, sua prioridade sempre foi cuidar de mim e de minha educação. Hoje posso ver que você fez de seu papel de mãe sua principal vocação.

Mãe,
eu te amo porque...

Você fez da sala de casa o lugar ideal para nossos acampamentos quando as chuvas faziam desabar nossos planos ao ar livre. Hoje é o lugar de nossas conversas...

Descobrimos também os segredos que estavam escondidos dentro dos brinquedos quebrados. De todas as mães, tive a sorte de ter a mais divertida e criativa na hora de brincar!

Preparávamos aquelas refeições saborosas que deixavam a cozinha bastante bagunçada. Criamos esse vínculo de amor inabalável entre receitas, sabores e aromas. Agradeço por ter me ensinado seus segredos culinários!

Mãe, eu te amo porque...

- Apesar de nunca ter conseguido conciliar o sono antes que eu chegasse de uma festa, ficava em silêncio para não me aborrecer, simulando um descanso que só viria ao me ouvir trancar a porta de casa.

- Para me passar segurança, você fingia sentir uma tranquilidade que não existia quando aprendi a dirigir, quando me extraíram o dente do siso, quando tinha prova e você repassava a lição comigo até o amanhecer e quando me apaixonei sem ser correspondida.

- Você tolerou com serenidade quando bati a porta do meu quarto na sua cara e lhe dei as costas após ouvir um "não" que era mesmo necessário ser dito...

Mãe, eu te amo porque...

Me ensinou que é sinal de sabedoria não se lamentar quando as coisas não saem do jeito que se quer, que devo enxugar as lágrimas diante do que considero um fracasso, apertar o cinto e seguir viagem.

- Foi através de você que descobri o mundo e a magia de compartilhar um café quentinho contando histórias de ontem, de hoje e de sempre.

- Chora de emoção quando lhe dou presentes inesperados em algumas datas especiais como no seu aniversário, no Dia das Mães ou em um dia qualquer.

Mãe,
eu te amo porque...

- Sei que nunca se sentiu tão feliz como no dia em que, pela primeira vez, sentiu meu coração bater na sua barriga ou quando me deixou viajar com amigos. Ou como no dia em que sorri com os olhos e o coração ao receber um presente tão sonhado ou quando voltei a espalhar todos os brinquedos no quarto depois de uma febre alta. Sei que nunca esteve tão feliz como no dia em que recebi meu diploma.

- Você cuida de mim com todo carinho e me acompanha em cada dia de sua vida, se preocupando e acreditando que, quando não estiver mais aqui, quando precisar partir para um destino melhor, não haverá solidão, porque sua estrela e seu sorriso continuarão a me iluminar e você cuidará de mim como sempre o fez.

Mãe, eu te amo porque...

* Tenho orgulho de apresentá-la a todos os meus amigos como minha mãe. Você é única e merece esse reconhecimento e muitos mais, mesmo que seus sentimentos por mim sejam os mais especiais e que não espere nada em troca.

* Tenho a profunda certeza de que não haverá ninguém em minha vida que possa me amar mais do que você. Eu te amo, mãe, porque foi seu amor infinito que criou esse laço indestrutível que levarei comigo para sempre, como um presente cheio de esperança e de proteção que me envolve e que me faz ser quem eu sou.

São tantas as razões pelas quais a amo que é quase impossível enumerar todas elas. Mas gostaria que esta página em especial fosse escrita aqui para você, de meu próprio punho e com palavras vindas do meu coração.

Mãe,
eu te amo porque...

Cynthia Rubert nasceu em Buenos Aires, em 1975. Graduou-se em jornalismo na Universidade de Belgrano. Há anos é docente na Faculdade de Design e Comunicação da Universidade de Palermo. Além disso, é advogada. Como assessora de imprensa, trabalha nas áreas empresarial e cultural. Foi redatora dos jornais *La Nación* e *La Prensa* e colaboradora de outros meios editoriais e audiovisuais argentinos. Trabalhou no setor de relações internacionais de importantes empresas e editoras. Seu primeiro livro, *Por que te amo?*, foi traduzido para o português e para o russo. Pela V&R, publicou também *Um presente para meu irmão* e *Por que somos amigas?*.

Sua opinião é muito importante!

Mande um e-mail para **opiniao@vreditoras.com.br** com o título deste livro no campo **"Assunto"**.

Conheça-nos melhor em:

www.vreditoras.com.br
facebook.com/vreditorasbr